W0314891

ORACLE ASTRAL
MANGA

NOUVELLES ÉNERGIES

SOMMAIRE

TIRAGES

Cet oracle a été conçu pour être relativement compatible avec les tirages connus. Je ne traiterai ici que de ceux qui sont les plus adaptés à cet oracle.

⤜ CARTE UNIQUE

C'est le tirage le plus simple. Il s'agit de la carte de la réflexion, du mental à adopter ou à remettre en cause.

Pour ce tirage, mettez-vous en condition de relaxation dans un endroit de préférence calme.

Fermez les yeux et visualisez votre question de manière claire pendant que vous mélangez les cartes. Étalez-les faces cachées. Tirez une carte au hasard. Si celle-ci révèle un résultat positif votre réponse sera positive ; si la carte tirée est ambivalente ou bien négative, la carte vous éclairera sur les raisons qui peuvent être liées à cette question.

EXEMPLE

QUESTION : « Suis-je à ma place dans mon métier ? »

TIRAGE : la maison X, qui représente les ambitions.

INTERPRÉTATION : cette carte concerne notre place dans la société et le milieu professionnel. Elle parle du besoin d'être reconnu à sa place légitime dans ce que nous entreprenons. Elle est à l'endroit, et peut servir à communiquer et à rassurer sur la place que nous avons, calmer notre sentiment de syndrome de l'imposteur.

⇝ TIRAGE À TROIS CARTES

Ce tirage est une simple lecture à trois cartes
de votre situation actuelle.

Mélangez bien les cartes, puis étalez-les faces cachées. Respirez profondément et fermez les yeux si vous le souhaitez pour formuler mentalement votre question. Prenez trois cartes que vous poserez côte à côte, de gauche à droite.

- La première carte représente votre situation dans le passé.
- La deuxième montre le présent (la situation dans laquelle vous vous trouvez actuellement).
- La dernière indique le futur, ce qui arrivera probablement si rien ne change.

EXEMPLE

QUESTION : « Je voudrais changer de métier, mais j'hésite à sauter dans l'inconnu. »

TIRAGE : le Soleil à l'envers, le Poissons à l'endroit, Vénus à l'endroit.

INTERPRÉTATION :

- Le Soleil parle de la capacité de création. Inversé, il indique que, par le passé, la situation n'était pas favorable à l'épanouissement dans ce domaine. Il représente également une figure paternelle ou d'autorité : il se peut qu'il y ait eu des heurts avec un chef, un collègue masculin ou un compagnon, rendant la situation peu propice au développement créatif.
- Le Poissons à l'endroit révèle de la patience vis-à-vis de la situation actuelle. Il indique également que des concessions ont été faites et que la situation est maintenue en pause en attendant le moment propice pour se lancer.

- Vénus à l'endroit indique que la situation évoluera pour le mieux dans le futur, car le consultant embrassera le changement à venir. En effet, outre l'amour, Vénus est également un signe d'harmonie, de ressenti des sens et des émotions ainsi qu'un symbole d'argent.

La lecture de ce tirage offre une vue d'ensemble sur une situation de travail qui a été étouffée par les relations masculines dans le passé, ce qui a empêché toute initiative, amenant le consultant à attendre pour changer de voie et à faire des concessions pour y parvenir. Finalement, ce changement lui permettra de s'épanouir, car il aura pris la décision de changer de métier.

TIRAGE ASTRAL

Ce tirage est le plus complexe, mais c'est aussi le plus complet.

Mélangez bien les cartes, puis étalez-les faces cachées. Respirez profondément et fermez les yeux si vous le souhaitez pour formuler mentalement votre question. Ouvrez les yeux et étalez les cartes faces cachées. Prenez cinq cartes que vous poserez face vers vous à la manière d'une croix : la première au nord, la seconde à l'ouest, la troisième au centre, la quatrième à l'est et la dernière au sud.

- **Carte 1** : la situation actuelle.
- **Carte 2** : les épreuves rencontrées.
- **Carte 3** : la solution.
- **Carte 4** : ce qui est caché.
- **Carte 5** : le résultat.

EXEMPLE

QUESTION : « Qu'en est-il de ma situation amoureuse ? »

TIRAGE :

Carte 1 : maison VII

Carte 2 : Bélier inversé

Carte 3 : maison IV

Carte 4 : automne

Carte 5 : Vierge

INTERPRÉTATION :

- La maison VII représente les relations aux autres par les unions, qu'il s'agisse de rapports professionnels ou personnels. Elle n'est pas inversée : la situation est donc stable, qu'elle soit positive ou négative.
- Le Bélier inversé parle des épreuves à affronter. Il est le symbole de l'impulsivité, de la colère et de l'égoïsme. L'incapacité à gérer ces émotions est donc certainement un obstacle.
- La maison IV représente la solution. C'est le domaine du foyer et des racines, vers lesquels il faudra se tourner pour résoudre la situation : en puisant de la force auprès de ses proches pour surmonter ses problèmes, en se rapprochant de son patrimoine culturel pour renouer avec ses racines, ou bien en comptant sur soi-même et son besoin d'agir.
- L'automne représente ce qui est caché. C'est la saison des récoltes, les conséquences des agissements passés, mais aussi la force de rebondir malgré les échecs passés.
- La Vierge en conclusion indique qu'il faudra faire preuve de discernement et de raison, et ne pas prendre de décision à la hâte.

GOUVERNÉ PAR : MARS | MAISON : I | DATES : 21 MARS–20 AVRIL

DUALITÉ : POSITIVE | ÉLÉMENT : FEU | MODE : CARDINAL

POLARITÉ : BALANCE | TAROT : L'EMPEREUR

Bélier

Premier signe du zodiaque, le Bélier est prompt à l'action. Gouverné par Mars et sous l'influence de l'élément feu, ce signe sait décider pour mener à bien ses projets. Le Bélier choisit l'attaque en guise de défense, il possède une énergie qui se régénère constamment et est en perpétuel mouvement. Son analogie avec l'Empereur du tarot renvoie au pouvoir d'action et de décision.

Significations

Mots-clés : courage, initiative, empathie, impulsivité.

Qualités : le Bélier indique l'énergie mise en place pour atteindre un but. C'est une carte qui marque la fougue, la rapidité, l'initiative, la confiance en soi, l'individualité, l'esprit de conquête, le courage, l'énergie et l'efficacité. Il révèle une forte virilité et symbolise donc aussi le masculin passionnel, à l'instar de la planète Mars, qui gouverne le Bélier.

Défauts : attention, sans maîtrise ou sans regard pour les autres et ce qui nous entoure, un excès des qualités du Bélier peut être problématique. Il indique alors l'impulsivité, l'impatience, la naïveté, l'imprévoyance, l'ostentation, la colère, le fanatisme, la lubricité, l'imprudence, l'égoïsme et l'agitation. Il renvoie à l'image de la masculinité toxique.

GOUVERNÉ PAR : VÉNUS | MAISON : II | DATES : 21 AVRIL-21 MAI

DUALITÉ : NÉGATIVE | ÉLÉMENT : TERRE | MODE : FIXE

POLARITÉ : SCORPION | TAROTS : LE MONDE, LA TEMPÉRANCE

Taureau

Deuxième signe du zodiaque, le Taureau est ancré à ses racines et recherche à tout prix cette stabilité qui définit son essence. En tant que signe de terre, c'est un pragmatique, ce qui ne l'empêche pas d'entrer en contemplation de la nature. À l'opposé du Bélier, ce signe mûrit ses actions avant de les entreprendre. Le Taureau est le symbole du travail productif, du besoin de concrétiser les choses et de posséder des biens.

Significations

Mots-clés : stabilité, détermination, paresse, dévotion.

Qualités : le Taureau représente la constance. Il est cette force tranquille qui se dirige résolument vers son but sans en dévier. Il symbolise la persévérance et la prévoyance ainsi que la fidélité, la générosité, l'affection et l'amour des plaisirs sensuels. C'est l'image de la femme sensuelle.

Défauts : le Taureau implique une notion de lenteur, de paresse ou de réticence. Son désir de biens matériels dérive jusqu'à le rendre trop gourmand, matérialiste et avare. Quand le Taureau refuse de bouger de sa voie et s'entête, il devient inflexible. Son caractère peut même devenir méfiant, jaloux et rancunier. La vanité s'est emparée de lui.

GOUVERNÉ PAR : MERCURE | MAISON : III | DATES : 22 MAI-21 JUIN

DUALITÉ : POSITIVE | ÉLÉMENT : AIR | MODE : MUTABLE

POLARITÉ : SAGITTAIRE | TAROTS : LE MONDE, LE MAGICIEN

GÉMEAUX

Troisième signe du zodiaque, le Gémeaux est ingénieux et compréhensif. Il sait s'adapter aux situations et saisit les opportunités avec brio. En tant que signe d'air, c'est un être sociable avec une forte capacité d'adaptation et d'imagination. Le Gémeaux est un as de la communication (c'est sa maison qui s'exprime ici), il est donc prompt à réagir et fait preuve d'ingéniosité et d'éloquence. C'est également un signe double : il a plusieurs facettes qui lui permettent de s'adapter aux situations impromptues.

SIGNIFICATIONS

MOTS-CLÉS : sociabilité, séduction, hyperactivité, adaptabilité.

QUALITÉS : le Gémeaux représente la virtuosité à réagir en toutes situations en société. Cet esprit vif et inventif fait preuve d'adresse et de rapidité, non sans humour. C'est une carte positive pour tout ce qui concerne les rapports sociaux et qui est liée à la communication.

DÉFAUTS : le Gémeaux est double, et donc a aussi sa part de défauts. Sa curiosité peut entraîner du vagabondage, de l'inconstance et de la dispersion. Il se montre parfois agité face à une situation qui ne le stimule pas assez, et se révèle même superficiel, naïf ou infantile. Son humour peut également blesser.

GOUVERNÉ PAR : LA LUNE | MAISON : IV | DATES : 22 JUIN–22 JUILLET

DUALITÉ : NÉGATIVE | ÉLÉMENT : EAU | MODE : CARDINAL

POLARITÉ : CAPRICORNE | TAROTS : LA PAPESSE, L'IMPÉRATRICE

Cancer

Quatrième signe du zodiaque et gouverné par la Lune, le Cancer est persévérant, timide et rêveur. Il n'est est pas moins concret, car il entretient sa carapace, qui le protège des blessures extérieures. Le Cancer prend soin de ses proches et les protège à tout prix. C'est un signe féminin fort, rappelant l'amour maternel. Sa sensibilité et sa douceur font de lui une carte de protection absolue. Sous l'influence de l'élément eau, sa capacité d'imagination est accrue. Le signe laisse libre cours à ses émotions et, si l'altruisme prévaut, celles-ci peuvent vite devenir envahissantes, au point d'étouffer les autres...

Significations

Mots-clés : émotivité, protection, domesticité, soutien.

Qualités : le Cancer indique une présence maternelle protectrice, la carapace que nous portons ou la figure maternelle qui nous couve. Il symbolise également l'imagination et les rêves. C'est un signe de douceur, d'altruisme et de persévérance.

Défauts : le Cancer possède également des traits moins flatteurs, notamment la susceptibilité. Cette figure maternelle peut également se montrer étouffante et surprotectrice, allant parfois jusqu'au chantage affectif. C'est un signe de passivité, d'irréalisme et d'anxiété. Il représente la perte de soi et une tendance à laisser libre cours à ses humeurs changeantes.

GOUVERNÉ PAR : **LE SOLEIL** | MAISON : **V** | DATES : **23 JUILLET–22 AOÛT**

DUALITÉ : **POSITIVE** | ÉLÉMENT : **FEU** | MODE : **FIXE**

POLARITÉ : **VERSEAU** | TAROT : **LA FORCE**

Lion

Cinquième signe du zodiaque, le Lion est une force de la nature, fier et charismatique. C'est un preneur de décision hors pair. À l'instar de l'animal qui le représente, il évoque la noblesse. Ce signe généreux et ambitieux, guère rancunier, exsude chaleur et brillance. Sa sociabilité est un atout dans les projets à plusieurs. Et comme sa maison régit les créations, cela lui confère une belle créativité et un grand enthousiasme pour entreprendre. Régi par l'élément feu, c'est un signe passionné qui aime partager ses activités en groupe.

Significations

Mots-clés : confiance, loyauté, générosité, égoïsme, entêtement.

Qualités : le Lion est un meneur-né, qui a pour ambition de diriger un projet du début à la fin. C'est un signe de créativité et d'enthousiasme, mais également de sociabilité, qui sait travailler en collaboration. Loyauté et franchise seront de mise, et la vitalité se joindra aux plans entrepris.

Défauts : le Lion n'est pas dépourvu d'orgueil, ce qui peut le conduire à la tyrannie dans les projets qu'il supervise. Il faudra faire attention à ne pas glisser dans l'égoïsme et la vanité, et surveiller aussi l'intolérance envers les idées des autres qui peut en résulter.

GOUVERNÉ PAR : MERCURE | MAISON : VI | DATES : 23 AOÛT-22 SEPTEMBRE

DUALITÉ : NÉGATIVE | ÉLÉMENT : TERRE | MODE : MUTABLE

POLARITÉ : POISSONS | TAROT : L'HERMITE

Vierge

Sixième signe du zodiaque, la Vierge est une spécialiste de l'analyse et du détail. La précision de son discernement est sa force majeure. La Vierge évoque la prudence et avance en se méfiant et en étudiant les situations avant d'agir. Gouvernée pas l'élément terre, elle ne montre pas le même matérialisme que le Taureau, mais possède un pragmatisme exacerbé et une discipline sans pareille. La Vierge est logique et aime le travail bien fait. Elle n'en perd pas pour autant sa douceur et sait se montrer altruiste.

Significations

Mots-clés : praticité, critique, discrimination, réserve.

Qualités : la Vierge est le signe d'un travail minutieux et réfléchi ainsi que de décisions prises avec discernement et logique, dominées par la raison. Modeste, altruiste et honnête, elle n'accepte pas les faux-semblants. C'est également un signe doué pour l'imitation quand la situation le demande.

Défauts : la Vierge peut se révéler maniaque et avoir des exigences inatteignables dues à son perfectionnisme. C'est un signe qui peut aussi se montrer méfiant et calculateur. Son désir de stabilité fait qu'elle n'aime guère le changement et présente une tendance à l'anxiété, pouvant entraîner un manque de confiance en elle.

GOUVERNÉ PAR : VÉNUS | MAISON : VII | DATES : 23 SEPTEMBRE-22 OCTOBRE

DUALITÉ : POSITIVE | ÉLÉMENT : AIR | MODE : CARDINAL

POLARITÉ : BÉLIER | TAROT : LA JUSTICE

Balance

Septième signe du zodiaque, la Balance est à la recherche d'équilibre et de justesse. C'est un signe de justice et de jugement. Son association à l'élément air lui donne un fort aspect intellectuel et imaginatif. La Balance est également un esthète qui aime l'élégance et le raffinement. Sa maison régissant les relations et les associations, qu'elles soient personnelles ou professionnelles, cela en fait un très bon navigateur social.

Significations

Mots-clés : sociabilité, coopération, impatience, justesse.

Qualités : la Balance est un signe de conciliation, qui n'aime pas les vagues et recherche l'équilibre en toutes circonstances. En tant que signe de communication, elle éprouve un besoin d'affection et est attachée à l'idée du romantisme, de l'esthétisme et de l'élégance.

Défauts : recherchant toujours l'équilibre, la Balance peut vite faire preuve d'indécision, voire se montrer influençable. Elle a aussi tendance à se révéler fragile et résignée face à des obstacles qui lui semblent insurmontables. Enfin, la Balance se montre parfois capricieuse, étourdie et narcissique.

GOUVERNÉ PAR : MARS, PLUTON | MAISON : VIII

DATES : 23 OCTOBRE-22 NOVEMBRE

DUALITÉ : NÉGATIVE | ÉLÉMENT : EAU | MODE : FIXE

POLARITÉ : TAUREAU | TAROTS : LA MORT, LE DIABLE

Scorpion

Huitième signe du zodiaque, le Scorpion est un passionné audacieux. C'est un signe de caractère et d'ambition, auquel l'élément eau apporte une dimension émotive et imaginative. Régi par la maison des changements, le Scorpion mettra toute sa passion et sa fermeté dans leur mise en œuvre, jusqu'à les voir aboutir. Très bon comédien, il est observateur et perspicace.

Significations

Mots-clés : entêtement, émotionnel, impitoyable, passion.

Qualités : le Scorpion représente la passion, l'audace et l'ambition d'aller jusqu'au bout de ses plans en restant fidèle à soi-même. C'est un signe au caractère entier, ferme, mais tout autant dévoué aux autres qu'à lui-même. Il symbolise également la sensualité et les plaisirs de la passion.

Défauts : le Scorpion peut se montrer impitoyable et obsessionnel autant que passionné. Il a facilement une attitude ambiguë et est prêt à aller jusqu'au bout d'une entreprise, même si celle-ci peut le mener à sa perte. S'il est dévoué, il peut également se montrer despotique et intransigeant.

Gouverné par : **Jupiter** | Maison : **IX** | Dates : **23 novembre-21 décembre**

Dualité : **Positive** | Élément : **Feu** | Mode : **Mutable**

Polarité : **Gémeaux** | Tarot : **Le Chariot**

Sagittaire

Neuvième signe du zodiaque, le Sagittaire est un esprit conquérant, curieux, guidé par sa bienveillance pour autrui. Animé par l'élément feu, il possède l'ardeur nécessaire pour aller de l'avant. C'est un signe double représentant à parts égales la force et l'intelligence, la contemplation philosophique et l'exploration. Sous l'influence de sa maison, le Sagittaire aspire à découvrir de nouvelles choses. C'est un optimiste qui aime les voyages, les activités extérieures et les animaux.

Significations

Mots-clés : liberté, optimisme, honnêteté, affection.

Qualités : ardent et courageux, le Sagittaire est signe d'un esprit de conquête, d'un besoin de voir de nouveaux horizons, de s'ouvrir à de nouvelles expériences. Il accueille avec bienveillance et curiosité ce qui vient à lui, et laisse son imagination le bercer. Malgré cet esprit de vagabondage, il reste un très bon organisateur.

Défauts : le Sagittaire peut se montrer d'une franchise brutale, faisant preuve de maladresse et blessant son entourage. C'est un signe attiré par l'utopie et l'anarchie. Son élément fait qu'il se met facilement en colère.

GOUVERNÉ PAR : SATURNE | MAISON : X | DATES : 22 DÉCEMBRE-20 JANVIER

DUALITÉ : NÉGATIVE | ÉLÉMENT : TERRE | MODE : CARDINAL

POLARITÉ : CANCER | TAROT : L'HERMITE

CAPRICORNE

Dixième signe du zodiaque, le Capricorne est un exécutant. Régi par Saturne, il sait que le temps est compté ; par conséquent, c'est un signe de responsabilité et de labeur réfléchi. Cependant, le Capricorne n'est pas défini uniquement par sa capacité à exécuter son travail en temps et en heure. Parce qu'il est calme et réfléchi, on peut se reposer sur lui en toute sérénité. Sous l'influence de son élément (la terre), il est pragmatique et consciencieux. Il est aussi fait de contradictions : sensualité et praticité ; tradition et innovation.

SIGNIFICATIONS

MOTS-CLÉS : ambition, tradition, responsabilité.

QUALITÉS : le Capricorne représente le labeur qu'on effectue avec persévérance et responsabilité ; la capacité à être réfléchi et mesuré, à prendre de sages décisions et à rester honnête. Le Capricorne est un bon travailleur, quelqu'un sur qui on peut compter pour effectuer les tâches sans supervision.

DÉFAUTS : le Capricorne travaille bien seul, mais cela peut l'amener à se montrer austère et distant, voire introverti. Il est même parfois rancunier ou susceptible. Sa facilité à endosser les responsabilités peut le rendre têtu ou sévère.

GOUVERNÉ PAR : SATURNE, URANUS | MAISON : XI | DATES : 21 JANVIER–18 FÉVRIER

DUALITÉ : POSITIVE | ÉLÉMENT : AIR | MODE : FIXE

POLARITÉ : LION | TAROTS : L'ÉTOILE, LE MAT

Verseau

Onzième signe du zodiaque, le Verseau aspire au chaos afin de mieux redéfinir le monde. C'est un avant-gardiste qui a besoin de revendiquer sa liberté d'expression, son indépendance et son originalité. Il se projette facilement dans l'avenir, toujours en décalage avec son époque. En tant que signe d'air, le Verseau est fortement influencé par ses relations sociales, son besoin de communiquer, de découvrir et de partager.

Significations

Mots-clés : indépendance, insoumission, originalité.

Qualités : le Verseau représente le visionnaire progressiste qui est à la recherche de frontières à bouger ou à détruire. C'est un original qui aime se projeter dans l'avenir avec des idées nouvelles et créer ce qui accompagnera le monde de demain. Altruiste et sensible, il ne fait pas preuve de violence, bien qu'il aime le chaos.

Défauts : l'originalité du Verseau peut vite en faire un excentrique, et ses besoins de visionnaire progressiste peuvent aisément le faire sombrer dans des idéaux extrémistes. Il peut se montrer angoissé et susceptible, faire preuve d'impatience ou même être volage.

GOUVERNÉ PAR : **JUPITER, NEPTUNE** | MAISON : **XII** | DATES : **19 FÉVRIER–20 MARS**

DUALITÉ : **NÉGATIVE** | ÉLÉMENT : **EAU** | MODE : **MUTABLE**

POLARITÉ : **VIERGE** | TAROTS : **LE PAPE, LE PENDU**

Poissons

Douzième et dernier signe du zodiaque, le Poissons est un grand empathique. Complaisant et tolérant, il fait les concessions nécessaires si elles peuvent apaiser un conflit. Mais attention, car il sait attendre son heure pour venir se venger si nécessaire ! Le Poissons est un grand intuitif, dominé par l'élément eau. C'est un signe d'une grande sensibilité.

Significations

Mots-clés : compassion, sensibilité, impressionnabilité.

Qualités : le Poissons représente la charité et la dévotion à une cause ou une personne. La patience, la complaisance et la tolérance sont caractéristiques de ce signe. Doué d'empathie, il est compatissant et s'émeut toujours des afflictions qui l'entourent. C'est un observateur perspicace et peu de chose lui échappe.

Défauts : si le Poissons est complaisant, il peut se trouver pris au piège et se retrouver soumis et hésitant. Sa sensibilité est telle qu'elle le dévore parfois et le rend vulnérable. Son empathie peut l'embourber dans une vision fataliste du monde, à laquelle il aura du mal à ne pas se résigner.

SIGNE : BÉLIER | PLANÈTE : MARS

DOMAINE : LE MOI

Maison I

La première maison astrale représente l'ego, le moi apparent, la personnalité du consultant dont on fait le tirage. Elle touche à notre santé, à notre comportement et à l'harmonie avec nous-même.

Significations

Mots-clés : ego, responsabilité, stagnation.

Qualités : la maison I est une carte qui nous invite à nous poser et à réfléchir à notre comportement, à notre personnalité, et à nous affirmer. Il faudra prendre des initiatives et assumer nos responsabilités. Elle parle aussi de nos progressions personnelles, qu'elles soient sociales ou touchent à la santé.

Défauts : *a contrario* elle peut aussi indiquer un manque de confiance en soi, une stagnation, un manque d'initiative ou encore le doute. Le problème peut également avoir un rapport avec la santé. La flamme qui nous anime vacille et il faudra nous demander comment la raviver.

SIGNE : TAUREAU | PLANÈTE : VÉNUS

DOMAINE : LES BIENS

Maison II

La deuxième maison astrale représente les ressources et les biens que nous possédons, qu'ls soient intellectuels ou matériels, ainsi que les moyens mis en œuvre pour les acquérir. Elle parle également de notre rapport à l'argent. Lorsque cette carte sort, elle concerne donc la situation matérielle, les acquisitions, les possessions, les besoins.

Significations

Mots-clés : richesse, acquisition, stabilité.

Qualités : la maison II évoque nos besoins relatifs à nos possessions et nos ressources, nos gains et nos épargnes. Il est donc avisé de réfléchir à ce qui amènerait une stabilité dans ces domaines.

Défauts : attention cependant à ne pas sombrer dans l'avarice ou la jalousie pour les biens d'autrui. Les risques pris dans la hâte peuvent ne pas payer, et il faudra alors se résigner à essuyer des pertes.

SIGNE : GÉMEAUX | PLANÈTE : MERCURE

DOMAINE : LA COMMUNICATION

Maison III

La troisième maison est celle de la communication avec notre environnement social (qui inclut les frères et sœurs, mais pas les parents), ainsi que les déplacements et les voyages. Elle représente nos moyens d'échange et d'expression. Elle indique la qualité de nos aptitudes intellectuelles et la façon dont nous nous relions au monde, comment nous nous intégrons.

Significations

Mots-clés : communication, acquisition, voyages.

Qualités : la maison de la communication demande avant tout que nous sachions nous écouter les uns les autres. C'est une carte qui parle de nos envies d'apprendre, d'étudier, de voyager, de changer d'horizon. Elle révèle aussi un besoin d'échanger avec nos proches et de faire de nouvelles rencontres.

Défauts : sous l'influence de l'air, l'agitation et le vagabondage sont de mise, et il faudra faire attention à ne pas se laisser déconcentrer, au risque de voir l'instabilité s'installer. Il est également prudent de faire attention aux faux-semblants et aux travestissements de la vérité.

SIGNE : CANCER | PLANÈTE : LUNE

DOMAINE : LE FOYER

Maison IV

La quatrième maison régit le foyer. C'est la maison des origines familiales, du foyer natal ou bien encore de nos racines culturelles, de nos ancêtres. Elle touche à notre sentiment de sécurité ou d'insécurité intérieur. Représentant le cocon familial, les parents et les biens immobiliers familiaux, elle concerne notre patrimoine affectif, les situations ayant marqué notre enfance.

SIGNIFICATIONS

Mots-clés : patrimoine, foyer, fécondité.

Qualités : la maison IV est une carte qui met en lumière notre lien avec la famille ou l'envie de nous épanouir dans la réalisation de notre propre famille, de renouer ce lien avec nos origines. C'est le besoin de retrouver ou de trouver cette protection, de nous sentir en sécurité. L'énergie de la mère est très présente dans cette maison.

Défauts : si le foyer nous rassure, il ne doit pas devenir une cage dont nous ne souhaiterons plus sortir. En revanche, l'absence de protection de ce foyer peut être angoissante et nous paralyser ; il faut alors puiser dans nos racines la force de poursuivre notre chemin.

SIGNE : LION | PLANÈTE : SOLEIL

DOMAINE : LES CRÉATIONS

Maison V

La maison V représente ce que nous pouvons produire par nous-même, nos créations, l'organisation, le côté ludique de l'amour, les jeux, nos passions. Elle décrit nos rapports avec les enfants ainsi que toutes les formes d'expression de notre créativité. Elle symbolise aussi les plaisirs et les loisirs.

Significations

Mots-clés : plaisirs, jeux, enfant.

Qualités : la maison V nous amène à voir notre valeur à travers nos créations. Elle révèle la fierté et l'amour face à tout ce que nous avons accompli, et le sentiment de bonheur éprouvé en contemplant nos réalisations. Elle nous parle également d'amour des apparences, du besoin de correspondre à l'image que nous voulons renvoyer à la société ou bien à nous-même.

Défauts : nos créations sont une extension de notre identité ; il faut donc veiller à ne pas perdre de vue où notre individualité s'arrête et où commence celle des autres. Ainsi, un enfant, notre plus belle création, reste avant tout une personne à part entière. Quant à notre apparence, elle est elle-même inspirée de ce qui nous entoure.

SIGNE : VIERGE | PLANÈTE : MERCURE

DOMAINE : LE TRAVAIL

Maison VI

La sixième maison concerne le travail, les obligations auxquelles nous sommes soumis jour après jour. C'est le domaine de notre vie au quotidien, avec son lot de contraintes, de notre environnement familier, familial et professionnel. Elle symbolise la routine de l'existence.

Significations

Mots-clés : richesse, acquisition, perte.

Qualités : la maison VI parle de notre capacité à structurer notre vie. C'est l'acceptation des frustrations du quotidien que nous devons subir afin d'en tirer des bénéfices futurs, dans les domaines de la santé ou du travail. Elle indique le contrôle que nous nous imposons pour réussir ainsi que les sacrifices que nous sommes prêt à faire pour parvenir à nos fins.

Défauts : l'acceptation des contraintes du quotidien ne plaît généralement à personne. Il faut cependant bien faire la distinction entre le travail nécessaire et la servitude. Travailler à s'en rendre malade n'est pas une solution viable.

SIGNE : BALANCE | PLANÈTE : VÉNUS

DOMAINE : LES ASSOCIATIONS

Maison VII

La maison VII est celle des partenariats, des unions et des associations. Elle symbolise notre vie sociale, nos relations avec les autres et la façon dont nous sommes perçu par eux. C'est ici que se formeront les accords (un mariage, une association…) et les désaccords (un divorce, un procès…).

Significations

Mots-clés : union, contrat, collaboration.

Qualités : la maison VII nous fait collaborer avec les autres. Elle nous apprend à découvrir et à apprécier ce que peuvent nous apporter les autres afin de compléter au mieux nos propres compétences, qu'il s'agisse d'un contrat, d'une collaboration, etc. C'est également la maison des partenaires de vie, qui évoque la recherche de la personne idéale pour partager notre intimité.

Défauts : comme toutes cartes soumises à l'élément air, la maison VII est sous le joug des caprices et des troubles affectifs ou relationnels. Si l'on n'y fait pas attention, ceux-ci peuvent mener à la fin des associations.

SIGNE : SCORPION | PLANÈTE : PLUTON

DOMAINE : LES CHANGEMENTS

Maison VIII

La maison VIII concerne les transformations, les changements brusques de la vie, le mysticisme, les héritages et la sexualité. À l'inverse de la maison II, qui représente les biens qui sont le produit de nos actes, la maison des transformations concerne nos prises de conscience lors de changements brutaux. Elle exprime notre attitude face aux pertes, notre capacité à nous régénérer, à changer et à évoluer.

Significations

Mots-clés : changements, sexualité, héritages.

Qualités : la maison VIII représente l'énergie immatérielle. C'est l'acceptation des changements qui nous bouleversent pour mieux renaître et évoluer. Elle parle aussi de notre capacité à ressentir et à partager nos plaisirs et nos passions, à laisser libre cours à notre affection et à notre sexualité. Elle nous demande de prendre conscience que la fin est un passage inéluctable de la vie.

Défauts : si la maison VIII prône l'acceptation de nos passions, attention cependant à ne pas tomber dans l'obsession. La vampirisation de ceux avec qui nous partageons cette énergie pourrait alors devenir un danger et mener droit à la destruction. L'acceptation de la fin ne doit également pas nous faire sombrer dans la tristesse et le fatalisme.

SIGNE : SAGITTAIRE | PLANÈTE : JUPITER

DOMAINE : LES ASPIRATIONS

Maison IX

La maison IX relate nos aspirations à long terme, qu'il s'agisse de nos études, de nos croyances ou de nos valeurs personnelles et sociales. Elle met en lumière nos tendances spirituelles, notre idéalisme et notre philosophie de vie, acquise par le biais de nos réflexions profondes ou de voyages lointains.

Significations

Mots-clés : richesse culturelle, transitions, l'étranger.

Qualités : la maison IX ne se contente pas de la culture innée issue de notre cocon familial ou culturel ; elle nous demande de découvrir d'autres horizons culturels, philosophiques ou religieux. Elle révèle notre capacité à écouter les autres et ce qu'ils peuvent nous apprendre. C'est notre curiosité pour toutes ces choses qui nous sont encore inconnues et que nous souhaitons enfin comprendre.

Défauts : il est difficile de parler de faiblesse dans une maison qui symbolise l'ouverture d'esprit au monde, car il s'agit d'une attitude fondamentalement positive. Le désir de comprendre la culture des autres ne doit cependant pas nous octroyer le droit de nous l'approprier.

SIGNE : CAPRICORNE | PLANÈTE : SATURNE

DOMAINE : LES AMBITIONS

Maison X

La maison X parle de la réalisation de soi, qu'il soit question de la position que nous occupons sur l'échelle sociale ou bien de notre carrière professionnelle. Elle symbolise donc nos ambitions dans ces domaines et la place pour laquelle nous œuvrons dans la société.

Significations

Mots-clés : carrière, réussite, statut.

Qualités : notre place dans la société définit le chemin que nous empruntons et, par conséquent, les épreuves auxquelles nous devrons faire face. De là découlent le respect que nous espérons obtenir des autres ainsi que les efforts à fournir pour le conserver. La maison X évoque notre besoin d'être légitime et reconnu à notre juste place.

Défauts : notre statut social oriente en partie le regard des autres et leur jugement à notre égard. C'est donc une pression constante si nous ne nous sentons pas à notre place dans la société. Nos efforts nous paraîtront vains, entraînant notre résignation à accepter notre position sans combattre. Nous pouvons également nous laisser aller à nos privilèges.

SIGNE : VERSEAU | PLANÈTE : URANUS

DOMAINE : LES ESPOIRS

Maison XI

La maison XI représente nos espoirs et nos projets ainsi que nos amis et nos connaissances. Elle met en lumière notre comportement social dans ce domaine. C'est la maison de l'amour universel, de notre lien avec les causes qui nous tiennent à cœur, de notre évolution au sein d'un groupe qui partage notre vision humanitaire ou avec lequel nous partageons un intérêt commun ou collectif.

Significations

Mots-clés : affinités, altruisme, collectif.

Qualités : il s'agit de la maison de l'amour désintéressé. Nous nous mettons de côté pour œuvrer à ce en quoi nous croyons. Le gain personnel n'est pas important, ce qui compte, c'est la dévotion à une cause, à un projet ou à un groupe pour un objectif commun. Être à l'écoute des autres nous fera gagner en popularité.

Défauts : la nature de cette maison étant les relations impersonnelles, c'est-à-dire le fait de mettre son ego de côté, la difficulté peut être une exigence trop élevée quant à la qualité de ces relations. Le don de soi doit être désintéressé, sans attendre systématiquement quelque chose en retour. Attention également à ne pas toujours se mettre en avant.

SIGNE : **POISSONS** | PLANÈTE : **NEPTUNE**

DOMAINE : **LES SECRETS**

Maison XII

La dernière des maisons astrales représente les secrets, qu'ils soient source de bienfaits ou de souffrances. Elle parle de nos peurs, de nos sacrifices et de nos épreuves, et de la façon dont nous les franchissons ou dont nous renonçons à les dépasser. C'est une carte qui appelle à la méditation pour trouver la paix.

Significations

Mots-clés : secrets, évasion, stagnation.

Qualités : la maison des secrets est également appelée la maison des retraites, car c'est la fin de notre parcours. Nous avons accompli nos devoirs, et l'acceptation de ce qui en résulte fera notre force. Il faut nous reposer, reprendre un rythme de vie plus calme et profiter de nous-même. Il est l'heure de nous relâcher, de méditer et de nous détendre.

Défauts : accepter l'inaction n'est pas aisé. Si nous refusons, il se peut toutefois que la vie nous y contraigne. La frustration de ne plus pouvoir agir peut être grande ; c'est pourquoi il est important de prendre du recul par rapport aux problèmes pour ne pas en souffrir.

SIGNES GOUVERNÉS : GÉMEAUX, BALANCE, VERSEAU

MAISONS : III, VII, XI | PLANÈTES : MERCURE, VÉNUS, URANUS

Air

L'air est l'élément astral de l'intellect. Il évoque l'imagination, la perception et toutes les autres qualités de l'esprit.

Les maisons dominées par l'élément air sont celles représentant les études et la fratrie, les unions, les partenariats et les contrats ainsi que l'amitié et l'organisation collective. C'est un élément dit « actif », il a donc une grande compatibilité avec l'élément feu.

L'air est également une carte de sociabilité, c'est l'élément de la communication et des échanges. Ses émotions sont donc issues de découvertes et de partages.

Significations

Mots-clés : intellect, sociabilité, communication.

Qualités : dans un tirage, l'air symbolise la raison, l'esprit et l'intelligence. Cette carte indique également la capacité à surmonter les obstacles, la force de s'adapter et de communiquer avec les autres. L'air est également un élément curieux, capable de gérer plusieurs projets en même temps.

Défauts : sa difficulté a se fixer sur une chose précise peut lui nuire, et il peut montrer un manque de concentration et de jugement. Il a également un attachement aux choses superflues et superficielles.

SIGNES GOUVERNÉS : CANCER, SCORPION, POISSONS

MAISONS : V, VIII, XII | PLANÈTES : LUNE, PLUTON, NEPTUNE

Eau

L'eau est l'élément astral de la sensibilité. Elle évoque les secrets, l'intuition et les rêves. Les maisons dominées par l'eau sont celles du foyer et de la famille, des changements et des secrets.

L'eau est un élément passif, prompt à la rêverie, généreux et doué d'empathie. Il est aussi créatif et a une grande compatibilité avec l'élément terre. Son rythme est lent et ses émotions sont basées sur sa réceptivité et son intuition.

C'est une carte qui parle des émotions, des sentiments et de la sensibilité.

Significations

Mots-clés : empathie, hypersensibilité, imprévisibilité, intuition.

Qualités : si l'eau possède la capacité de surmonter les obstacles, c'est avant tout de manière psychologique. En effet, un mental fort permet de maîtriser ses peurs et d'atteindre la paix intérieure. L'eau favorise les domaines créatifs. C'est la douceur empathique sur laquelle on peut compter pour s'épancher.

Défauts : l'eau peut devenir imprévisible et sournoise. Elle amène un terrain propice à la rêverie et peut parfois nous faire manquer de réalisme. Sa lenteur peut également nous faire céder à la paresse. Son règne sur nos émotions nous rend hypersensible.

SIGNES GOUVERNÉS : TAUREAU, VIERGE, CAPRICORNE

MAISONS : II, VI, X | PLANÈTES : VÉNUS, MERCURE, SATURNE

Terre

La terre est l'élément astral associé au pragmatisme. C'est un élément immuable, fixe et concret, mais qui n'est cependant pas immobile. En effet, quand la fureur de la terre éclate, c'est avec puissance et sans retenue.

Les maisons dominées par la terre sont celles du travail et de l'argent ainsi que de la santé et des réussites personnelles. La terre est compatible avec l'élément eau.

L'élément terre est le reflet d'un certain matérialisme et d'un solide sens de l'économie. C'est un élément de rythme continu, une machine qui travaille sans relâche une fois en marche. Ses émotions sont le fruit de pensées raisonnées et contrôlées.

Significations

Mots-clés : pragmatisme, confort, sensualité.

Qualités : pragmatique et réaliste, la terre symbolise l'action mûrement réfléchie. La stabilité et la persévérance font de cet élément une force tranquille, qui ne dévie pas de sa route et va jusqu'au bout. La terre est également un signe de sensualité, qui apprécie les plaisirs et les conforts matériels.

Défauts : on a tendance à l'oublier, mais à l'image de son élément, et malgré son apparence si stable, la terre n'est pas fixe et vit. Les colères retenues peuvent ainsi exploser avec violence.

SIGNES GOUVERNÉS : Bélier, Lion, Sagittaire

MAISONS : I, V, IX | PLANÈTES : Mars, Jupiter, Soleil

Feu

Le feu est l'élément astral du moi, des passions et des amours ainsi que de la spiritualité.

Le feu est un élément de fougue et de dynamisme, il est le maître des maisons qui gouvernent l'ego, le travail et les ambitions.

Son rythme est continu et rapide. Quant à ses émotions, elles sont issues du risque ou des enjeux de ses activités. C'est un élément actif dont l'énergie se renouvelle rapidement et lui permet d'accomplir les tâches fixées.

Significations

Mots-clés : enthousiasme, ambition, égoïsme.

Qualités : le feu est signe d'enthousiasme et de franchise. Cet élément apporte fougue et passion pour les activités engagées. Il nous donne le courage et la volonté d'aller à la conquête de nos ambitions. Le feu est également l'élément de la purification : cette quête peut donc aussi être une recherche spirituelle, une élévation de l'âme.

Défauts : le feu réchauffe notre cœur et notre corps, mais il peut aussi nous brûler... Il faut prendre garde à rester maître de soi-même, à ne pas céder aux colères et à l'agressivité. Attention, le feu peut détruire s'il n'est pas contenu !

SIGNES GOUVERNÉS : BÉLIER, TAUREAU, GÉMEAUX

MAISONS : I, II, III | PLANÈTES : VÉNUS, MERCURE, SATURNE

PRINTEMPS

Le printemps voit apparaître de nouvelles pousses, symbole du renouveau et des promesses à venir. Cette saison représente la faculté à nous ouvrir aux autres, les opportunités de faire preuve de dynamisme dans nos entreprises et d'apprendre de nouvelles choses. Nous nous sentons empli d'une énergie créative qui nous semble inépuisable.

SIGNIFICATIONS

MOTS-CLÉS : dynamisme, impatience.

QUALITÉS : le printemps indique le besoin de s'exprimer, de mettre à contribution notre dynamisme. C'est l'investissement dans le monde extérieur, l'envie de mobiliser notre énergie pour ce qui nous passionne.

DÉFAUTS : cette carte représente la difficulté à rester indifférent face à ce qui nous entoure. Elle marque un besoin irrépressible de répondre, d'interagir avec le monde. Elle peut aussi indiquer le refus de faire preuve de patience en cas de problème, ainsi qu'un désir de nous mêler aux autres sans prendre le recul nécessaire à notre calme intérieur. Le risque est que nous épuisions toute notre énergie et nous trouvions face à l'inertie qui en résulte.

SIGNES GOUVERNÉS : CANCER, LION, VIERGE

MAISONS : IV, V, VI | PLANÈTES : VÉNUS, MERCURE, SATURNE

L'été est la saison où la nature rayonne. Au solstice d'été, la force du jour est à son maximum. C'est une période propice à la maturité. Le temps semble plus long, le rythme devient plus lent.

SIGNIFICATIONS

Mots-clés : patience, esquive, lenteur.

Qualités : l'été symbolise les progressions lentes mais certaines. Observer le travail se développer demande patience et obstination, afin d'en voir les évolutions. C'est un moment où nous pouvons avoir envie de nous investir, mais avec une certaine prudence ; une période propice pour découvrir de nouveaux horizons, toujours avec circonspection. Nos passions et nos intérêts sauront mobiliser l'énergie nécessaire à nos projets.

Défauts : accueillir de nouveaux projets est difficile, car notre prudence nous fait sans cesse douter. Cette incertitude nous empêche de voir sereinement les fruits que peuvent donner certains projets. Pendant cette période, il est plus facile de faire comme si de rien n'était plutôt que de troubler le cycle enclenché.

SIGNES GOUVERNÉS : BALANCE, SCORPION, SAGITTAIRE

MAISONS : VII, VIII, IX | PLANÈTES : VÉNUS, MERCURE, SATURNE

Automne

L'automne est la saison des récoltes, la terre se prépare avant le gel hivernal. C'est une période de transition, où les nuits vont peu à peu prendre le dessus sur le jour. Les actions entreprises ont germé et il est temps d'en cueillir les fruits : c'est l'illustration du cycle de cause à conséquence. Cette saison est aussi le symbole d'un dynamisme contagieux et d'une exécution rapide des tâches.

Significations

Mots-clés : opportunité, inconstance, rapidité.

Qualités : l'automne annonce une aisance à réaliser le travail, à esquiver les coups durs du destin, à quitter au bon moment une situation sur le point de mal tourner, et même à trouver dans l'échec la force de rebondir.

Défauts : attention, cette facilité d'exécution n'est pas sans comporter son lot de risques. Elle tend au désintérêt pour les tâches répétitives, et un manque d'énergie peut s'emparer de nous. La précipitation et l'excès de confiance peuvent engendrer une mauvaise gestion du travail.

Signes gouvernés : Capricorne, Verseau, Poissons

Maisons : X, XI, XII | Planètes : Vénus, Mercure, Saturne

Hiver

L'hiver est la phase où la terre se repose enfin et dort afin de pouvoir à nouveau porter la vie. C'est une saison centrée sur la gestation : les graines sont mises en terre pour que le cycle se perpétue. Cette période se caractérise par une certaine immobilité qui demande que nous nous replions sur nous-même pour mieux nous retrouver.

Significations

Mots-clés : indifférence, obstination, inactivité.

Qualités : l'hiver, c'est s'obstiner à refuser de se lancer dans quelque chose qui ne nous intéresse pas ou pour lequel nous ne nous sentons pas apte. Bien que cela puisse ressembler à une faiblesse, savoir dire non est une force. Cette carte représente notre besoin de consacrer notre temps et notre énergie à ce qui nous est essentiel.

Défauts : cette obstination à refuser le changement et le manque d'intérêt pour ce qui ne nous concerne pas peut bien évidemment nous nuire. C'est pourquoi il est important de nous poser les bonnes questions. Le refus ne doit pas être provoqué par la peur, auquel cas il deviendrait une entrave à notre bonheur.

SIGNE GOUVERNÉ : LION | EXALTATION : BÉLIER

CHUTE : BALANCE | MAISON NATURELLE : V

TAROT : LE SOLEIL

Soleil

Le Soleil est l'astre de notre système autour duquel les planètes orbitent. Un tel astre est bien sûr d'une puissance sans pareille en matière d'influence. Avec la Lune, il est l'un des deux astres appelés « luminaires ».

Le Soleil a la capacité à créer la vie ; il est le pouvoir qui pousse chacun à se dépasser et à affronter les épreuves du quotidien d'un pas confiant.

Significations

Mots-clés : ego, individualisme, confiance, autorité.

Qualités : le Soleil représente la création, la flamme primordiale à l'origine de la vie. Que cela soit un projet, une passion ou un travail à effectuer sur soi, il apporte assurance, confiance en soi et puissance. C'est une carte de meneur et de créativité.

Défauts : bien que le Soleil soit une force positive, sa puissance peut conduire à un excès de zèle, à de l'égocentrisme ou bien à de la susceptibilité si elle n'est pas maîtrisée !

SIGNE GOUVERNÉ : CANCER | EXALTATION : TAUREAU

CHUTE : SCORPION | MAISON NATURELLE : IV

TAROTS : LA LUNE, LA PAPESSE

Lune

Satellite de la Terre, la Lune en est l'astre le plus proche. Sa lumière, bien qu'elle ne puisse rivaliser avec celle du Soleil, lui confère un rôle plus intuitif. Elle règne donc sur les émotions et a un symbolisme maternel très puissant.

Si le Soleil est l'étincelle qui créé la vie, c'est la Lune qui la modèle : elle lui donne une forme tangible, elle apporte l'imagination nécessaire qui donne forme et couleur à nos idées et nos projets.

Significations

Mots-clés : émotion, inconscient, instinct, fertilité.

Qualités : la Lune est centrée sur les émotions. Elle donne une forme à la vie et la nourrit. Elle apporte également une puissance d'imagination sans pareille. C'est un signe féminin qui implique la notion de fertilité ou de naissance à venir.

Défauts : la Lune est responsable d'une instabilité émotive forte. Les émotions peuvent varier soudainement et nous rendre fragiles un instant, puis irritables le moment suivant.

TAROT : LA TOUR

Éclipse

L'éclipse est une manifestation astrale rare, ce qui en fait un événement cosmique important. Que ce soit la couronne de flamme d'une éclipse solaire ou la face écarlate d'une éclipse de Lune, les deux marquent le ciel et nos esprits. Il est donc normal que son symbolisme soit aussi fort en astrologie.

Si, de nos jours, l'éclipse est un phénomène normal et compris, il n'en a pas toujours été ainsi, et nos ancêtres y voyaient le présage de grands malheurs.

Significations

Mots-clés : bouleversement, changement abrupt, révélations.

Qualités : l'éclipse est un signe de bouleversement majeur. Elle n'est pas maléfique, mais elle déstabilise le quotidien. Elle apporte des changements très rapides, de violentes révélations, des fins abruptes et des renouveaux tout aussi soudains.

Défauts : l'éclipse étant un signe de chamboulement absolu, rechercher la stabilité pendant cette période est alors chose difficile. La bonne nouvelle, c'est qu'elle ne dure jamais bien longtemps, et le quotidien reprendra ses droits sur la base des changements advenus.

TAROT : LE DIABLE

Lune noire

À la différence des autres astres, la Lune noire n'est pas un élément ou même un événement astral identifiable. Il s'agit en effet du second foyer de l'ellipse de l'orbite de la Lune (le premier étant la Terre). Elle est donc un point vide dans l'espace, et non un objet physique à proprement parler.

Associée à Lilith, la Lune noire a longtemps été perçue comme une entité maléfique dans un thème astral. Ce n'est toutefois pas le cas. Agissant encore plus fortement sur les émotions que la Lune, ce signe de liberté féminine revendique son désir avant tout et refuse de se soumettre à autrui.

Significations

Mots-clés : insoumission, liberté sexuelle, autonomie.

Qualités : la Lune noire représente la femme intérieure qui assume sa sensualité et sa sexualité. Elle révèle toutes ces parties de l'être que nous ne nous avouons pas et que nous cachons au plus profond de nous. Cette carte demande d'assumer notre part d'ombre.

Défauts : le refus exacerbé de se soumettre, de se conformer aux règles ou aux normes. Si elle n'est pas canalisée, la Lune noire peut choquer et abîmer l'image que les autres ont de nous. Certes, la sensation de liberté est enivrante ; il faut simplement ne pas la laisser nous conduire à notre perte.

SIGNES GOUVERNÉS : VIERGE, GÉMEAUX | EXALTATION : VIERGE

CHUTE : POISSONS | MAISONS NATURELLES : III, VI

TAROT : LE MAGICIEN

Mercure

Mercure est la plus petite planète du système solaire. Sa révolution rapide autour du Soleil lui a valu son identification au dieu Mercure, messager des dieux. Planète qui régit la communication, le commerce et les voyages, elle représente l'intellect, les bonnes relations et les échanges. Le caducée de Mercure est d'ailleurs un symbole d'union.

Significations

Mots-clés : communication, échanges, connaissances.

Qualités : Mercure est de bon augure pour le commerce et les transactions. C'est également un pont vers la connaissance et un appel à explorer de nouveaux horizons. Parfaite ambassadrice, elle fait le lien entre les différents partis.

Défauts : problème de communication, retard de voyage, incapacité à finir le travail commencé… Mercure peut aussi signifier qu'il est temps de faire le point ou de terminer enfin les projets mis de côté.

SIGNES GOUVERNÉS : TAUREAU, BALANCE | EXALTATION : POISSONS

CHUTE : VIERGE | MAISON NATURELLE : VII

TAROT : L'IMPÉRATRICE

Vénus

La planète Vénus est synonyme d'amour, de beauté et de plaisir. Au même titre que la déesse dont elle porte le nom, les domaines de Vénus sont le désir, l'harmonie et les arts. Il est donc évident que cette carte pointe vers ce que souhaite notre cœur, ce qui nous apporte du plaisir

Significations

Mots-clés : amour, argent, séduction, superficialité.

Qualités : Vénus révèle ce qui nous donne du plaisir, qu'il s'agisse d'amour, de beauté ou d'argent. Cette carte parle aussi de notre capacité à donner et à recevoir. Vénus aime les arts et soutient ces domaines de toutes ses forces.

Défauts : l'intérêt de Vénus pour la beauté peut cependant dévoiler un visage plus superficiel, des sentiments éphémères ou encore des relations qui ne sont pas prises au sérieux.

SIGNES GOUVERNÉS : **BÉLIER, SCORPION** | EXALTATION : **CAPRICORNE**

CHUTE : **CANCER** | MAISONS NATURELLES : **I, VIII**

TAROT : **LA TOUR**

Mars

Tout comme le dieu de la Guerre qui lui prête son nom, la planète Mars représente et exacerbe l'action, l'agressivité et l'énergie pour combattre. Elle donne la capacité d'affronter les heurts de la vie avec force, et l'énergie tant morale que physique pour prendre des risques et faire avancer les situations.

Significations

Mots-clés : énergie, initiative, colère, brutalité.

Qualités : Mars est signe d'action, de combat. C'est l'énergie d'aller au-devant des problèmes et de les affronter avec tous les moyens à notre disposition. C'est oser faire des choix et prendre des décisions pour parvenir à nos fins.

Défauts : comme toutes les cartes dominées par le feu, Mars peut tomber dans l'excès. Le combat devient alors destruction, l'affrontement prend une tournure brutale et violente. Mars indique aussi le risque de perdre ce combat de manière soudaine si nous ne sommes pas mieux préparé.

SIGNES GOUVERNÉS : **SAGITTAIRE, POISSONS** | EXALTATION : **CANCER**

CHUTE : **CAPRICORNE** | MAISONS NATURELLES : **IX, XII**

TAROTS : **LA ROUE DE LA FORTUNE**

Jupiter

À l'image de sa taille gigantesque, Jupiter est la planète qui symbolise l'expansion. Associée au dieu du même nom, souverain des autres divinités du panthéon romain, Jupiter représente aussi l'ordre cosmique, la loi et la souveraineté.

Planète de la générosité et de la bonne fortune, Jupiter offre le contexte idéal pour profiter des occasions, développer une affaire et s'épanouir dans son environnement. Elle nous engage à trouver la réussite, quel que soit le niveau de réalisation.

Significations

Mots-clés : expansion, chance.

Qualités : Jupiter est porteuse de chance, c'est une carte très favorable, qui indique que de bonnes opportunités s'offrent à nous. Elle est signe de générosité, de sagesse et de bonheur.

Défauts : il n'est guère prudent de simplement nous laisser porter par notre bonne fortune… Attention au revers de la médaille ! La chance peut tourner, et cela risque de coûter cher si nous n'avons pas profité de l'aubaine pour assurer les jours à venir.

SIGNES GOUVERNÉS : CAPRICORNE, VERSEAU | EXALTATION : BALANCE

CHUTE : BÉLIER | MAISONS NATURELLES : X, XI

TAROT : LE MONDE

Saturne

Saturne est la planète qui régit les limites et les barrières. Elle symbolise la discipline, la responsabilité et les limites qui nous sont imposées. C'est la planète de la hiérarchie absolue : rien ne lui échappe et elle ne tolère pas les raccourcis. Quand on construit, il faut avancer par étapes. Saturne demande également d'accepter la séparation comme une étape nécessaire à la progression et à la prise d'autonomie.

Significations

Mots-clés : restrictions, responsabilités, apprentissage.

Qualités : Saturne indique un besoin de discipline, de limites et de barrières à poser. C'est aussi le signe qu'il est temps de prendre nos responsabilités, de grandir et d'agir en conséquence.

Défauts : le carcan rigide et structuré de Saturne peut étouffer celui qui a besoin de se sentir libre et empêche toute progression. Il est peut-être temps de couper le cordon qui nous retient à ces barrières pour nous épanouir hors d'elles.

SIGNE GOUVERNÉ : VERSEAU | EXALTATION : SCORPION

CHUTE : TAUREAU | MAISON NATURELLE : XI

TAROT : LE MAT

Uranus

Figure primordiale du ciel, Uranus est le père des Titans, qu'il engendra avec Gaïa. Ces géants donnèrent ensuite naissance aux dieux de l'Olympe.

Uranus est une planète qui annonce l'imprévisible, un bouleversement, un changement, une révolution du quotidien. Son énergie est électrique et soudaine. C'est un flash, une aspiration fulgurante à quelque chose de nouveau. Elle figure le désir de voir les choses progresser.

Significations

Mots-clés : indépendance, excentricité, révolution.

Qualités : Uranus est signe de créativité. Elle représente le besoin soudain de changement, un profond besoin d'innovation, un attrait pour les nouvelles technologies et les nouveautés intellectuelles. C'est aussi s'individualiser et être complètement sincère avec soi-même.

Défauts : l'originalité inhérente à Uranus, bien qu'elle soit sa force, peut parfois poser problème quand elle devient un refus de se conformer aux normes. Cette carte indique également le développement d'un stress et de tensions, qui peuvent mener à l'explosion.

SIGNE GOUVERNÉ : POISSONS | EXALTATION : CANCER

CHUTE : CAPRICORNE | MAISON NATURELLE : XII

TAROT : LE PENDU

Neptune

Dernière planète du système solaire, Neptune est le symbole de l'altruisme, de l'imagination et de la spiritualité. Elle représente également la guérison de la purification. Associée aux océans et aux mers en la personne du dieu dont elle porte le nom, elle a donc un pouvoir sur l'inconscient et révèle un attrait pour le mysticisme.

Significations

Mots-clés : guérison, créativité, illusion.

Qualités : Neptune est la carte de l'altruisme et de l'idéalisme, signe de purification et de guérison. Elle indique aussi un besoin de rêver, de faire confiance et de s'intégrer dans son environnement, notamment socialement.

Défauts : Neptune est également la maîtresse des illusions. Il ne faut pas perdre pied et faire attention, car il n'est pas bon de tout croire. Propagande, addictions... Neptune peut être le voile qui nous cache la vérité par de jolis mots ou de belles images, nous empêchant d'être ancré dans la réalité.

SIGNE GOUVERNÉ : SCORPION | EXALTATION : LION

CHUTE : CANCER | MAISON NATURELLE : VIII

TAROT : LE JUGEMENT

Pluton

Rétrogradée au stade de planète naine et retirée de la liste des planètes du système solaire, Pluton n'en a pas pour autant disparu des thèmes astraux.

Bien qu'elle soit représentée par le dieu qui règne sur le monde souterrain, cette carte n'est pas aussi négative que la mort physique, loin de là. Pluton est la planète de la transformation, du changement et du renouveau. Elle symbolise la fin, certes, mais aussi la renaissance et la régénération.

Significations

Mots-clés : transformation, changement, destruction.

Qualités : Pluton est une carte qui indique une transformation nécessaire, la fin de quelque chose pour mieux renaître. C'est transformer l'inutile en utile. Elle amène aussi à rechercher les vérités et à les faire éclater au grand jour. Pluton possède également un pouvoir d'attraction et a un fort ascendant sur les relations sexuelles.

Défauts : le côté sombre de Pluton montrera un désir obsessionnel pour le pouvoir et le contrôle ainsi qu'une capacité à détruire si ces derniers lui sont refusés. Elle révèle également de possibles conflits d'intérêts.

Direction de la publication :
Isabelle Jeuge-Maynart et Ghislaine Stora
Direction éditoriale : Nathalie Viard
Édition : Maud Rogers
Direction artistique : Géraldine Lamy
Conception graphique : Bastien Gélas
Adaptation graphique et mise en page (cartes et livre) : Émilie Laudrin
Fabrication : Donia Faiz

ISBN : 978-2-38-375036-9
Imprimé en RPC
Dépôt légal : octobre 2022
332181/01 – 11051384 – mai 2022

Eau

TERRE

FEU

ÉTÉ

AUTOMNE

HIVER

Soleil

LUNE

ÉCLIPSE

LUNE NOIRE

MERCURE

VÉNUS

♂
MARS

♃
JUPITER

SATURNE

AIR

6
MAISON VI

7
MAISON VII

8
MAISON VIII

9
MAISON IX

10
MAISON X

11
MAISON XI

TAUREAU

BÉLIER

GÉMEAUX

CANCER

LION

VIERGE

BALANCE

SCORPION

SAGITTAIRE

CAPRICORNE

PRINTEMPS

URANUS

NEPTUNE

PLUTON

VERSEAU

POISSONS

1
MAISON I

2
MAISON II

3
MAISON III

5
MAISON V

4
Maison IV

12
MAISON XII